CONVERSION ET AMORTISSEMENT

DE

QUINZE MILLIARDS

DE LA DETTE PUBLIQUE

PAR

LA BANQUE ET LE CHANGE DE FRANCE

Quod si deficiant vires, audacia certe
Laus erit : in magnis voluisse sat est.

(PROPERCE, lib. II, eleg. x, ad Augustum.

N° 2

EXPLICATIONS

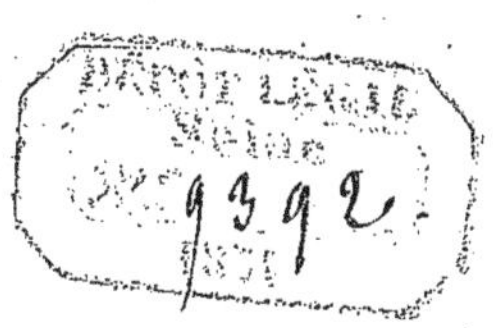

PARIS
IMPRIMERIE CENTRALE DES CHEMINS DE FER
A. CHAIX ET Cie
RUE BERGÈRE, 20 PRÈS DU BOULEVARD MONTMARTRE
1874

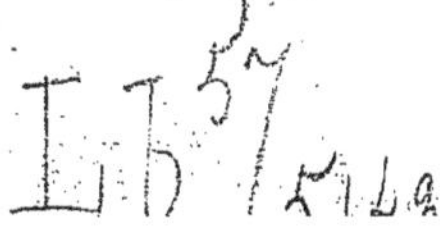

CONVERSION ET AMORTISSEMENT

DE

QUINZE MILLIARDS

DE LA DETTE PUBLIQUE

PAR

LA BANQUE ET LE CHANGE DE FRANCE

EXPLICATIONS

I.

Sans entrer dans les détails du système que je propose, je dois cependant expliquer comment nous procéderions pour arriver, par le concours de la Banque et du Change de France, à la Conversion et à l'Amortissement en quarante ans de Quinze milliards de la dette publique.

Le Capital nominal et les Réserves de la Banque portent actuellement la totalité de son capital de garantie à 250 millions.

Dans notre combinaison, sans rien toucher aux institutions fondamentales de la Banque, sans nuire en aucune façon aux intérêts de ses actionnaires, nous porterions à 500 millions son Capital social, dans lequel nous ferions entrer les 250 millions existant déjà par son Capital et ses Réserves.

A côté de la Banque et comme son **Consort**, nous créerions sous le nom de **Change de France** une Société nouvelle au capital de 500 millions, qui non-seulement viendrait augmenter les ressources ordinaires de la Banque, mais assurer encore de la manière la plus positive la convertibilité constante des billets de banque en monnaie d'or et d'argent.

La Banque de France et le Change de France posséderaient donc ensemble et distinctement un Capital **d'un milliard**, ce qui est le quadruple des 250 millions de garantie représentée par le capital et les réserves actuels.

La Banque de France serait alors autorisée à émettre **5 milliards de francs** de Billets de Banque au lieu de 2 milliards 1/2, comme elle y a été autorisée par divers décrets de l'Assemblée nationale.

Avec ce **Capital quadruplé** on n'émettrait que le double des billets actuels, ce qui donnerait à ces nouveaux billets une valeur plus certaine, la Banque et le Change de France faisant de leur capital d'un milliard une caution solidaire.

Nous créons, d'une part, il est vrai, le double de billets de banque, mais d'autre part aussi, nous augmentons du quadruple le capital actuel de garantie.

De deux choses l'une : ou les 2 milliards 500 millions de Billets de Banque garantis par 250 millions de Capital sont trouvés bons aujourd'hui, ou ils sont trouvés mauvais ?

S'ils sont trouvés bons dans les circonstances présentes, ne deviendront-ils pas doublement meilleurs, quoique étant doublés en nombre, s'ils sont garantis proportionnellement par un *Capital quadruple* de celui qui existe aujourd'hui ?

S'ils sont au contraire trouvés mauvais, je parle des billets de banque actuels, au lieu de 2 milliards 500 millions de billets couverts par 250 millions de capital, soit le dixième de la circulation, nous arrivons par ma combinaison à 5 milliards de billets, il est vrai, mais garantis par 1 milliard de capital, soit le cinquième de la valeur du papier émis.

Donc, dans ce deuxième cas, ma combinaison offrirait encore un avantage particulier et une garantie plus sérieuse que celle offerte par la Banque aujourd'hui, et je le prouve par des chiffres, pour rendre ma démonstration plus simple, plus facile et à la portée de tous.

Si 250 millions de capital de garanties donnent actuellement dans les conditions acceptées 2,500 millions de billets de banque, un milliard de capital de garantie dans les mêmes conditions devrait permettre l'émission de 10 MILLIARDS de francs de billets.

Exemple :

Millions.		Millions.		Millions.		Millions.
250	:	2,500	::	1,000	:	10,000.

Si nous faisons la contre-épreuve de ce que nous venons de prouver en faveur de notre système, et que nous nous placions dans la situation actuelle de la Banque, nous dirons :

Si un milliard de capital avec le concours du Change de France permet d'élever sans danger l'émission des billets de banque à la somme de 5 milliards, la Banque dans les mêmes proportions ne devrait pouvoir en émettre aujourd'hui que pour 1,250 millions.

Exemple :

Millions.		Millions.		Millions.		Millions.
1,000	:	5,000	::	250	:	1,250.

Or, comme la Banque a émis actuellement pour 2,500 millions de billets au lieu de 1,250, ainsi que l'exigerait la proportion avec les chiffres de notre combinaison, c'est une différence de plus du double qui plaide en faveur de notre système.

Rien n'est plus exact qu'un chiffre. Dans les deux cas les chiffres nous donnant raison, nous n'aurions pas besoin de plus longs commentaires, si la question se réduisait à une simple règle de proportion entre le capital de la Banque et sa *Circulation des Billets*. Or il n'en est ainsi que pour les esprits qui aiment à ne voir toute question que sous une face.

Mais ce n'est pas tout. Le *Capital* d'une Banque n'est pas le seul élément de garantie de la *validité* de ses Billets. Il en est un autre d'une importance extrême, c'est l'*Encaisse*. Ces deux éléments ne suffisent même pas ; ce sont deux éléments matériels de *validité des Billets de Banque*, auxquels il manque un troisième élément, d'ordre moral : la foi des traités.

Un milliard de capital, deux milliards d'encaisse, c'est beaucoup, sans doute ; mais ce n'est rien sans la fidélité aux conventions.

Ce sont ces deux éléments, *Encaisse* et *Foi des traités*, que le *Change de France* doit unir et consolider.

Je ne m'étendrai pas longuement sur sa fonction ; je ne ferai qu'indiquer sommairement la mission tout à fait sans précédent du Change de France. Ce n'est pas de la discussion, de la démonstration, mais la simple explication d'une proposition que je fais en ce moment. Je développerai plus tard, dans des publications successives, chacun des quatre points de mon projet, qui seront l'objet des opuscules annoncés déjà sous ces titres :

N° 3 — *Réorganisation de la Banque*, N° 4 — *Change de France*, N° 5 — *Conversion*, N° 6 — *Amortissement.*

En attendant, je m'attache à présenter brièvement la suite des idées de mon système.

II.

Le Change de France ne se contenterait pas de joindre son Capital de 500 millions aux 500 millions de Capital de la Banque de France ; mais il apporterait en outre un complément de 700 à 750 millions de numéraire qui porterait l'*Encaisse* de la Banque à **deux Milliards.**

Mais il ne faut pas croire, comme on serait tenté de l'imaginer au premier abord, que les 750 millions d'Encaisse complémentaire en espèces seraient le produit des 750 millions créés par les 500 millions de capital du Change de France et par les 250 millions d'augmentation du Capital de la Banque.

Non, par deux motifs, les 750 millions d'accroissement de l'Encaisse ne viendraient pas de ces deux sources, Premièrement, le dédoublement de Capital de la Banque devant, d'après toutes les convenances, être offert à ses actionnaires actuels, sauf à en réserver un solde à un syndicat qui garantira de prendre les actions nouvelles qui ne seraient pas souscrites par les anciens actionnaires, il n'en est pas moins vrai qu'on ne peut exiger de ces anciens actionnaires des combinaisons de change auxquelles un grand nombre d'entre eux est étranger, et auxquelles ils seraient obligés pour se procurer en espèces les 250 millions de dédoublement. C'est donc en billets de banque actuels que les 250 millions de dédoublement de Capital de la Banque seraient admis.

De même, pour le Capital de 500 millions du Change de France : dans mon hypothèse, il peut être en entier fourni en billets de banque actuels.

Quand il s'agit d'appeler 750 millions de capitaux au renforcement de cette Banque de France dont je ne viens contester ni le gain ni les services, mais dont je désire rendre plus justifiables et plus grands ce gain et ces services mêmes, ce n'est pas à l'occasion de son agrandissement de Capital, ni pour constituer celui de son consort, le Change, qu'il faut compliquer les difficultés.

C'est pourquoi ce n'est ni par le dédoublement du capital de la Banque ni par la formation du Capital du Change, qu'il s'agit d'accroître l'encaisse métallique.

Encaisse et Capital sont deux choses fort distinctes, à l'appui de deux principes fort différents ; et cette différence est marquée par celle du but.

Le but du *Capital* est, dans le cas où les *Débiteurs de tout genre* de la Banque, État et particuliers, lui feraient faillite d'une certaine somme, de couvrir par la perte de tout ou partie de ce *Capital* le déficit de cette somme, de façon que la solidité, la solvabilité du Billet de Banque ne soit pas entamée. Actuellement, si les *Débiteurs* de la Banque lui faisaient défaut pour 250 millions, son Capital et les Réserves couvriraient la perte, et le Billet de Banque demeurerait intact, comme valeur intrinsèque, comme valeur représentative des crédits à l'État et aux particuliers, pour lesquels la Banque a émis ces billets. Dans ma combinaison, c'est le quadruple que les *Débiteurs de tout genre* de la Banque pourraient lui emporter, c'est un milliard que le Capital de la Banque et celui du Change combleraient, avant que la valeur intrinsèque, la solidité, la *solvabilité* du Billet de Banque fût compromise.

Le Capital de la Banque, comme celui du *Change*, a donc pour destination de remplir une *obligation* de la Banque : celle de sacrifier au besoin son Capital et ses Réserves à l'intégrité de la valeur intrinsèque des billets, ce que j'appelle : *solvabilité* de ces billets.

L'*Encaisse* a une autre destination. L'Encaisse partage l'*obligation* de rembourser intégralement une quantité de billets de banque correspondante au chiffre de l'*Encaisse, le jour où la Banque fera sa liquidation*. Mais l'Encaisse a pour autre but de tenir un *engagement :* celui de convertir les billets de banque en espèces, à vue et au porteur, *pendant que la Banque est en exercice.*

L'*obligation* a en ceci une nuance distincte de l'*engagement*. L'*obligation* est pour le cas de liquidation finale de la Banque : en ce cas le Capital couvre les faillites, avant qu'elles ne diminuent la solvabilité du billet de banque. L'*engagement* est pour la période d'exercice. Il consiste, non-seulement à couvrir, en tout cas, la solvabilité du billet de banque, mais encore et plus spécialement à rendre convertibles en espèces ces billets. Ceci n'est plus la *solvabilité* du Billet de Banque : c'est sa *Convertibilité en espèces ;* en un mot, c'est la *Convertibilité*.

Ce n'est donc, à aucun point de vue, ni au dédoublement de Capital de la Banque, ni au Capital du Change, à fournir les 750 millions en espèces qui paraîtraient devoir provenir du chiffre d'ensemble de 750 millions de ces deux Capitaux ; parce que *le Capital* a un tout autre office à remplir que l'*Encaisse*. Ce Capital répond à une *Obligation* de *solvabilité* des Billets de Banque.

Mais, à côté de leur constitution à 500 millions de capital pour la Banque, et à 500 millions de capital pour le Change, les deux établissements peuvent s'entendre pour cette autre opération fort distincte : fournir à peu près 750 millions d'or et d'argent en espèces ou lingots, pour élever l'*Encaisse* de la Banque à 2 milliards.

Il en résulte cette clarté pour MM. les financiers, c'est que leur attention peut se porter en détail sur trois divisions de l'opération :

1° Dédoublement du capital de la Banque, par une opération financière de 250 millions ; 2° formation du capital du Change, ou opération de 500 millions ; 3° *fourniture* de 750 millions en métallique destiné à grossir l'Encaisse de la Banque (1).

L'œuvre capitale de réorganisation est celle-là ; c'est cette affaire de 750 millions dont l'*Encaisse* doit obtenir l'*inflation*, selon le terme américain ; avec cette seule différence que l'*inflation*, en Amérique, signifie une augmentation de billets de banque, sans jamais signifier une *inflation* d'*Encaisse*, mais tout le contraire ; tandis que l'*inflation* dont il s'agit procéderait d'une augmentation d'*Encaisse*, pour arriver à un accroissement de *Circulation*.

Ce serait le point de départ d'une nouvelle situation, dans laquelle ces deux milliards d'Encaisse, en *lingots ou monnaie d'or et d'argent*, correspondraient à l'autorisation, pour la Banque, d'élever à cinq milliards de francs la *circulation* de ses billets.

Et il serait convenu que, toutes les fois que les retraits d'or ou d'argent occasionnés par des rentrées de billets

(1) Je reprendrai à ce point, dans le N° 2 *bis*. — EXPLICATIONS, un exposé particulier de ces trois opérations financières.

de banque feraient descendre les Deux Milliards d'Encaisse à un chiffre prévu, à 1,500 millions, par exemple, ce ne serait plus la Banque de France qui aurait à continuer le paiement à vue et au porteur du reste de ses billets en espèces : le *Change de France*, intervenant, fournirait à la Banque de France du métallique pris en dehors d'elle, et par des ressources à lui particulières. Il serait entendu que le *Change de France* maintiendrait inviolablement une Encaisse couvrant au moins 30 0/0 de la Circulation.

C'est ce *Change de France*, au lieu de la Banque elle-même, qui échangerait en espèces tous les Billets de Banque exigeant un paiement en métallique que la Banque de France ne serait plus tenue d'effectuer à un moment donné. Tout se passerait naturellement, pour le public, aux bureaux et guichets de la Banque, mais pour compte du *Change de France*.

Avec ces Billets de Banque reçus en échange d'espèces, le *Change* rachèterait du métallique, coûte que coûte, pour lui, à ses risques et périls, et sans permettre qu'une déperdition des Billets de Banque par rapport aux espèces se produisît, en dehors de lui, entre les particuliers.

Tels seraient les engagements matériels auxquels le *Change* serait *moralement tenu* par cet élément de *Convertibilité des Billets de Banque* que j'ai appelé : *Foi des Traités*.

Qu'est donc cette Foi des traités ? Trois mots :

Jamais Cours forcé !

N'en déplaise à la Banque, ce n'est pas elle qui a droit de faire de cette devise une application personnelle : son passé ne répondrait pas de son avenir.

Il faut donc admettre qu'un autre qu'elle, que le *Change* se charge de cette *Foi des traités*.

Et j'avoue que la meilleure garantie que j'aie trouvée de cet engagement *moral* a été de l'assurer par d'énormes précautions *matérielles:* C'est le meilleur *criterium de certitude morale.* Car, ce n'est que lorsque l'exécution *matérielle* d'un traité est certaine que *la foi* en devient facile; et si la Banque de France et toutes les Banques ont si souvent manqué à leurs engagements, c'est moins faute de fidélité que de prévoyance : c'est qu'il n'y eut jamais corrélation des moyens avec le but, de l'instrument avec la tâche, de l'institution avec les faits.

Il n'en sera pas de même du *Change de France.*

Ce que nulle Banque *d'Émission* n'a fait, il le fera un jour, un jour prochain, parce que ce Change, ce n'est pas seulement une force, c'est un principe :

Le principe de la convertibilité *inviolable* des billets de la Banque en espèces.

Et je prétends que ce principe est nouveau, s'il descend de la vaine théorie des traités dans la vraie pratique.

A propos de principe, il n'en est appliqué jusqu'ici que deux, en monnaie fiduciaire; et ces deux principes s'expriment en termes anglais passés dans la langue française d'économie politique : l'un, représenté par la Banque de France, est le *Banking-principle;* l'autre, celui de la Banque d'Angleterre, est le *Currency-principle.*

J'en propose un troisième, que je baptise du nom de CHANGE-PRINCIPLE, et qui sera réalisé par le *Change* de France.

Le tout est donc pour le Change de faire de ce principe une charte ; « *et de cette charte une vérité.* »

Et je prouverai qu'il peut le faire, en démontrant que, par la puissance matérielle de ses moyens d'exécution, il ne pourrait pas *moralement* ne pas le faire.

En cela, je ne fais que suivre la méthode du *Traité* de Longin — un bon auteur — *sur le Sublime :*

« Dans tout Traité sur l'art, il y a deux objets à se proposer : de faire connaître d'abord la chose dont on parle ; c'est le premier article ; — le second pour l'ordre, mais le premier pour l'importance, c'est de voir les moyens de réussir dans la chose dont on traite. »

C'est ce que j'ai fait pour le Change de **France**. Je me suis attaché à faire de sa charte une vérité, par une accumulation inconnue de moyens d'exécution.

Voici ces moyens :

Le Change aura par son domaine privé et par sa liste civile un revenu de cent millions de francs par an.

Autrement dit : ce *Change*, et par son capital propre et par un système de subvention semblable à celles des chemins de fer, jouira annuellement d'un revenu brut de **Cent millions** ; revenu comparable, par un côté, aux primes d'assurances des Compagnies d'Assurances.

Mais ce revenu brut, comme toute récolte de primes d'assurances, ne laissera un bénéfice net qu'après acquittement d'une condition :

La condition de couvrir, de combler et de réparer tout un ordre de sinistres demeurés jusqu'à ce jour *sans Compagnie d'assurance.*

Cet ordre de sinistres est ce qu'on appelle : crises monétaires.

Or cette qualification de sinistres n'a rien d'exagéré.

Écoutons à ce propos ce qu'a dit un jour, à ce sujet, à la barre de l'Assemblée nationale, M. Thiers.

Il s'agissait de papier-monnaie. C'était en 1848. On

proposait deux milliards d'assignats ou billets de banque hypothécaires. La motion était faite par MM. Turck et Prudhomme. Le Ministre des finances (M. Goudchaux), M. Léon Faucher et M. Thiers combattirent vivement et victorieusement le projet. De gros mots furent lancés au papier-monnaie. M. Léon Faucher dit: « Le papier-monnaie c'est la fausse monnaie! c'est l'eau avec laquelle on fraude le vin! » Et M. Thiers s'écria : « Le papier-monnaie, c'est le vol! le vol par la loi! » Mais M. Thiers ne se contentait pas de dire cela, il le prouvait : il le prouvait, en étalant les pertes immenses que les bouleversements des prix amenés le plus souvent par les crises monétaires, suites du papier-monnaie, font subir aux marchandises; et, se faisant l'écho des plaintes consignées, à cet égard, dans les enquêtes anglaises, M. Thiers appuyait des paroles suivantes l'accusation de vol, intentée au papier-monnaie :

« Les manufacturiers anglais combattant les banques ont fait plusieurs fois dans les enquêtes du Parlement anglais *le relevé de ce qu'il en avait coûté au commerce britannique pour rappeler le numéraire; il en a coûté quelquefois des milliards en perte sur les marchandises pour rappeler ce numéraire. Je vous défie de me trouver un exemple contraire dans l'histoire commerciale d'aucun pays.* Ce sont les marchandises qui en font les frais; c'est le commerce national qui, *en vendant à perte* dans les marchés, rappelle le numéraire.

» S'il manque, *on le sent par une souffrance très-vive*, et le commerce s'en aperçoit par les pertes qu'il fait, *je le répète,* pour rappeler *violemment* les espèces métalliques. »

(*Moniteur universel*, 1848, page 2787.)

Des milliards de pertes? on peut bien appeler cela, sans emphase, des sinistres!

Des milliards de pertes! il n'en faut pas autant pour appeler des sinistres ce que le vaisseau qui sombre engloutit de richesses, ou ce qu'en dévore l'incendie !

Il y a, pourtant, une foule louable d'assurances contre l'eau et le feu, bien moins destructeurs, et il n'y en aurait jamais une seule contre *des milliards de pertes!*

Qu'est-ce que la prime d'assurances? — C'est « la part du feu, dans les *Assurances contre l'Incendie*, » et *la part de l'eau*, ajouterai-je, *Acherontis avari*, dans les *Assurances maritimes.*

Mais, si l'on fait la part de l'eau, comme du feu, pourquoi ne pas faire tout aussi bien la *part du change?*

C'est à quoi s'appliquerait précisément le Change national de France.

C'est la fonction pour laquelle j'ai préparé et je demande sa création.

La part du feu, transformée en *part du change*, en l'espèce, serait, ai-je dit, de cent millions par an; et cette part se diviserait en deux parties : pertes au change internationales et indigènes à combler, et bénéfice net du Change de France : de même que les primes d'assurances comblent les pertes des sinistres et laissent un bénéfice net aux Compagnies d'Assurances. Il est facile de prévoir que le *Change de France* puisse, avec une telle puissance de moyens, conjurer des milliards de pertes, précisément parce qu'il pourra faire de larges parts du feu, c'est-à-dire payer des milliards de pertes au change.

En quarante ans, à cent millions par an, le Change de France aura récolté quatre milliards de francs de primes d'assurances.

Avec quatre milliards de primes d'assurances on peut, à 4 0/0 de change, convertir **Cent Milliards de francs** de Billets de Banque en espèces; et avec la possibilité de convertir ces cent milliards en espèces, on rendra impossible la dépréciation des Billets de Banque.

Il faut, en effet, tenir compte d'une réflexion : A-t-on jamais vu cent millions de dépenses annuelles prêtes à payer les quantités d'or ou d'argent nécessaires pour maintenir, sans la suspendre jamais, la convertibilité des billets de banque en espèces? Et d'un autre côté, a-t-on jamais pensé à *l'effet moral* qu'une telle précaution, en rendant aussi certaine la convertibilité en espèces, produirait en faveur du nouveau billet de banque? Du moment que la confiance en ce billet serait fortifiée de la sorte, que de gens cesseraient d'en réclamer la convertibilité, qui autrefois la rendaient souvent impossible, en demandant, uniquement par peur, des espèces dont ils n'avaient ni besoin ni emploi!

Voilà comment le Change de France mettrait en action ce que j'appelle, à la façon anglaise, le *Change Principle*, le *Principe du Change ;* et je vais dire maintenant pourquoi c'est au Change de France qu'il appartient de mettre à exécution le *Principe du Change.*

III.

Il faut absolument, pour que ce principe devienne une *Charte et cette Charte une vérité*, que la Société nouvelle et nationale du Change de France se constitue dans l'indépendance la plus complète de la Banque et de l'État, par cette raison préjudicielle, simple et péremptoire, que, jusqu'ici et de tout temps, toute Banque et tout État n'ont jamais su que faire, s'il m'est permis de créer une expression pour ma pensée, banqueroute à ce principe.

Russie, États-Unis, Autriche, Italie, Angleterre et

France ont tour à tour fait cette infraction au principe. La Chine, encore plus avancée en ce genre de progrès, a fait cent fois, et bien des siècles avant notre vieille Europe, cette banqueroute appelée cours forcé par euphémisme. Tout le monde a toujours dit cependant que c'est une banqueroute. Tout le monde en a gémi, et il n'est pas un homme d'État qui, après avoir fulminé contre elle, trouve un autre moyen que ce naufrage de la banqueroute, à la première tempête politique que rencontre le vaisseau de la Banque ou celui de l'État.

Prenons les plus grands hommes d'État, sous tous les régimes : le Régent, Pitt, du côté de la royauté ; Necker, Mirabeau, Cambon, du côté de la révolution, le czarisme russe, l'impérialisme autrichien, le républicanisme américain, l'Italie unitaire, et ces deux incarnations vivantes et opposées de l'Empire et de la République, en France, M. Magne et M. Thiers : tous ont *fait défaut* à mon principe, au *Change-Principle.*

Ce n'est donc pas à l'administration de l'État à prendre les rênes d'un char dont il ne serait pas plus le maître que ne le fut Phaéton du char d'Apollon. Je répète de l'État ce que j'ai déjà dit de la Banque : Son passé ne répondrait pas de son avenir.

Et j'en parle d'autant plus librement que ce n'est faire aucune personnalité : tout le monde a fait ainsi ; je suis le seul à vouloir faire le contraire.

Et s'il faut être seul, je serai celui-là.

La banqueroute monétaire est donc inévitable, tant que l'État demeure le maître de la régale ; tant qu'il délègue cette régale à une Banque, et qu'il peut être tenté de dégager légalement la Banque des obligations qu'il lui impose légalement.

Ce n'est donc pas à l'État qu'appartient la création, la direction, l'administration du Change de France.

Il n'est pas plus difficile de comprendre que le Change de France doit être — *a fortiori* — distinct et complétement indépendant de la Banque.

Le Change de France doit précisément et essentiellement exiger, contrôler et garantir une double réorganisation de la Banque de France même :

Une réorganisation *matérielle ;*

Une réorganisation *morale.*

La réorganisation *matérielle* est déjà toute indiquée par le seul énoncé de cette *première division* du projet : élever à *cinq cents millions* de francs le *Capital* de la Banque de France et à *deux milliards* son *Encaisse,* pour lui donner la faculté de porter à *cinq milliards* de francs sa *Circulation* de Billets de Banque.

Cette réorganisation matérielle est la partie la plus facile de mon œuvre.

Je n'y rencontrerai qu'une objection facile à vaincre, quoique ayant la racine la plus profonde et la plus difficile à couper : l'intérêt.

Cette objection sera la réponse invariable qu'ont toujours faite les amis de la Banque à tous les conseils d'augmenter son *Capital.* On donne mille autres raisons, mais la seule, au fond, c'est qu'il faudrait toucher à la racine : intérêt des actionnaires.

Je respecte cet intérêt, et je n'y porte aucune atteinte. Je ne viens pas porter la cognée de l'Écriture à cette racine de l'arbre ; c'est d'une autre racine que j'oserai dire : *Jamjam securis ad radicem posita est.* Mais celle dite « intérêt des actionnaires », je viens au contraire l'arroser de nouveaux bénéfices ; car le dédoublement du capital est combiné, dans mes plans, pour une complète satisfaction des actions anciennes ou actuelles de la Banque.

Le problème était, je l'avoue, difficile à résoudre ; mais je l'ai résolu. Pour dédoubler un capital, il n'y a habituellement que deux systèmes : ou réserver le dédoublement aux anciennes actions, ou le donner au public. Il en résulte deux sources d'inconvénients. D'un côté, les actionnaires qui ne profiteraient pas du dédoublement à eux réservé sont lésés. De l'autre, si le capital est dédoublé, n'importe par qui, les bénéfices à répartir entre le capital double du lendemain ne sont plus que la moitié des bénéfices du capital de la veille.

C'est ce qui fait que la Banque a toujours mille prétextes à fournir pour ne pas agrandir son capital, au risque de ne pas répondre aux nécessités de la situation ; de même qu'une Banque, plutôt que de faire assez de sacrifices pour mettre son Encaisse à la hauteur des circonstances, trouve beaucoup plus simple de manquer sans cesse à la *convertibilité*. Il est pour cela un moyen commode : le cours forcé ! N'être forcé à rien et forcer les autres à tout, voilà ce qu'on appelle une banque ; et c'est ce que *Dupont de Nemours*, le physiocrate, disait en ces termes à l'Assemblée nationale de 1789 :

« Il faut s'entendre sur ce que c'est qu'une Banque : C'est une invention par laquelle on fait semblant de payer, quoiqu'on ne paye pas... C'est un remède à la grande maladie de n'avoir pas d'argent ; mais il ne faut pas en faire un régime habituel, on ne vit pas de médicaments. »

(*Moniteur universel* du 20 novembre 1789, p. 379.)

C'est par cette liaison naturelle d'idées que j'en arrive

à la réorganisation *morale* de la Banque. Voilà la plus rude partie de ma tâche : rappeler la Banque de France à « l'ordre moral ! »

Je dois néanmoins aborder cette partie difficile et délicate de mon sujet.

Jusqu'à ce jour, les *Banques d'émission* se mettent sans cesse *en dehors et au-dessus du droit commun.*

Il s'agit d'y faire rentrer la Banque de France, en lui prouvant qu'elle y trouverait à la fois « l'honneur... et l'argent. »

En *droit civil* et en *droit commercial*, tout individu qui a signé un engagement ou un billet quelconque, est tenu de le payer à son échéance, sous peine d'*expropriation*, de *faillite*, de *banqueroute simple* ou de *banqueroute frauduleuse*; et, si c'est la Banque de France qui se trouve dans la nécessité de faire valoir contre le délinquant le *droit commun*, elle ne manque pas de poursuivre l'*expropriation*, la *faillite*, la *banqueroute simple* ou la *banqueroute frauduleuse*.

Dès que cet individu suspend ses paiements, *protêt*, *saisie*, *poursuite* ; s'il y a *faillite*, on lui enlève réputation, crédit, capital, encaisse ; s'il y a *banqueroute simple*, on lui ôte de plus sa liberté, c'est la prison; et si la banqueroute est *frauduleuse*, c'est le bagne.

Il n'en est pas ainsi pour les Banques. Si le *Sic vos non vobis* n'existait pas, elles l'auraient inventé. En effet, le prétexte constitutif de ces Banques est de payer à vue et au porteur leurs billets en espèces ; mais, toutes les fois qu'il leur plaît de *suspendre leurs paiements*, un moyen fort commode les sauve de l'*expropriation*, de *la faillite*, de *la banqueroute simple* ou de *la banqueroute frauduleuse : Cours forcé !*

Qu'est-ce donc, pour elles, que ce cours forcé? *Forcer*

les autres à tout, même aux travaux forcés, et n'être *forcées* à rien!

Faire payer en tout temps et ne payer que si elle en a soif, voilà ce qui distingue une Banque du reste des banquiers... de ses Régents même, et surtout de ses Régents!

Car je n'aurais qu'à retourner la conduite *ès nom* de tout Régent contre la Régence *anonyme* de la Banque, pour lui susciter les témoins les plus à charge et les juges les plus sévères. Quelle contradiction étrange! Comme particulier et comme négociant ou banquier, devant l'honneur de *sa* signature, tout Régent préférera la remise au protêt, la mort à la faillite, et, avant que de tomber vivant en banqueroute, c'est dans le suicide qu'il fera naufrage. Mais, auparavant, il aura vendu les derniers bijoux de sa femme et immolé, avec elle, tout l'avenir de ses autres lui-même, de ses enfants; ses proches et ses amis feront les plus grands sacrifices et les Régents, ses collègues, auront mis grandement du leur, pour le sauver. Et ce même Régent, pour le capital d'une Banque d'actionnaires dont il n'a qu'une partie, n'admettrait pas la mort du dividende, la ruine de ces actionnaires, et il ne dirait pas : Périsse la Banque plutôt qu'un principe! quand il est prêt à se sacrifier lui et les siens à ce principe!

Autre contradiction : Quand est-ce qu'une Banque s'intitule surtout nationale?

Quand elle ne paie plus;

Quand les malheurs des temps la *forcent* avec le *cours forcé* à rendre, dit-elle, de grands services, en prêtant généreusement, comme le disait Mirabeau, des billets qu'elle ne paie pas.

Mais, quels services, quels malheurs des temps, et pour qui?

Je le demande, à la Banque de France : Est-ce de sacrifier à la nation tout ou partie de son gain ordinaire, un lambeau même de son capital?

Quand les temps étaient *prospères*, son bénéfice était, bon ou mal an, d'une vingtaine de millions. Depuis *les malheurs des temps*, avec le *cours forcé*, à quoi est-elle *forcée ?*

A en gagner soixante ?

Malheureuse France: heureuse Banque!

Quelle vivante antithèse !

Quel pénible contraste !

La même cause, — la défaite! — produisant deux effets contraires :

Pour la France dix milliards de pertes!

Pour la Banque, ses vingt millions de Dividendes annuels convertis en soixante millions par an de Dividende !

Craignez, craignez, ô Banque de France, qu'on ne vous dise, avec Horace : « C'est assez se jouer des malheurs des autres! assez mangé, assez bu ; il est temps de quitter la place et de la céder à de plus dignes. »

> Vivere si recte nescis, decede peritis.
> Lusisti satis, edisti satis atque bibisti;
> Tempus adire tibi est...
>
> (Liv. II, épit. II.)

Car, avec 60 millions de gain, au lieu de 20 millions habituels, avec ces 40 millions de bénéfices en excès, par an, aurait-il été difficile d'affronter en face, de braver et de conjurer toute crise monétaire, en rendant ainsi de vrais services?

Avec son surcroît exceptionnel de rémunération annuelle, depuis trois ans, la Banque ne devait-elle pas, au besoin, supporter des sacrifices non moins exceptionnels, au milieu de tant d'autres malheurs publics et particuliers, pour se tenir prête à payer toutes primes sur l'or et l'argent nécessaires à changer à bureau ouvert ses billets en espèces?

Et lors même que, non-seulement les 40 millions de bénéfices en excès, mais les 20 millions de bénéfices ordinaires eussent dû être annuellement sacrifiés à l'observation d'engagements formels, au moment où tous ont fait tant de pertes pour tenir les leurs, de quoi la Banque eût-elle eu à se plaindre? n'eût-elle pas fait uniquement son devoir, je le répète, comme tant d'autres?

Quand même enfin la Banque, après ses bénéfices, eût dû perdre tout son *Capital* pour la foi des traités, pour l'honneur de sa signature et pour l'intérêt public, qu'y aurait-il eu là de si exorbitant et qu'elle n'ait toujours imposé, je le répète encore, à tant d'autres, dont la ruine n'a jamais troublé son sommeil? N'est-elle pas décidée à prendre à tout le monde son *Capital*, plutôt que de perdre une créance? Et pourquoi tout le monde n'aurait-il pas prise sur son *Capital*, pour être payé d'elle.

Croira-t-on que, si la Banque eût fermement annoncé cette résolution de tout perdre, pour l'honneur de tenir ses engagements, l'estime et la confiance qu'elle eût *forcées* n'eussent pas été plus propres que le cours *forcé* à défendre son *Encaisse*, à la fortifier de tout le numéraire qu'une méfiance justifiée en a détourné par cet instinct qui éloigne naturellement les dépôts du banquier qu'on ne sent pas prêt à rembourser à tout prix? Ne sait-on pas qu'un effet infaillible, au contraire, se produit avec une banquier capable de tout sacrifier avant d'être infidèle à sa parole; que les comptes-courants et les dépôts pleuvent chez lui de toute part, et que la confiance qui n'a pas « *cours forcé* », qui ne se commande pas, mais qui s'acquiert, inonde de facilités, de disponibilités, d'excédants, celui qui la mérite?

C'est ce qui arriverait à la Banque, si, confiante d'un côté en cette loi naturelle qui prodigue le crédit à qui *ne le force pas*, et d'un autre côté, fidèle au principe de convertir, coûte que coûte, son billet de banque en or, elle en arrivait à incruster en ce billet assez de certitude d'en avoir instantanément de l'or, pour qu'on ne l'appelât plus « billet de banque », mais, comme je l'espère après ma combinaison, « billet d'or ».

Telle serait la vertu de sa réorganisation morale : la justice et tous les biens que l'Évangile promet par surcroît.

Je ne fais pas de la satire à plaisir; et je ne prétends pas même appliquer trop absolument ma critique. J'ai un autre but; un but moins stérile et plus pratique que la harangue du maître d'école à la Banque qui se noie : la tirer d'abord du danger.

Et cependant, devant *des temps et des mœurs*, devant des abus, j'aurais bien le droit de dire, avec Juvénal, qu'il est difficile de retenir la satire :

Difficile est satiram non scribere!...

(Satira I, *Cur satiras scribat.*)

Seulement je tiens à constater que rien de ce que j'appelle sa réorganisation morale n'a été fait par la Banque;

non pour lui en faire un crime, ni un reproche, mais dans une intention fort claire, fort nette et fort précise : c'est qu'au moins, si une institution prétend faire ce que la Banque de France n'a jamais su ni pu ni voulu faire, la Banque ne lui en conteste pas le droit, la concession et le mérite.

Cette institution, prête à réaliser ce dont la Banque est incapable de s'acquitter sans elle, c'est celle dont je suis à la fois l'inventeur, l'auteur, le créateur, le fondateur, le père et le parrain, que je baptise du nom de Change de France, et dont je m'attribue, je m'arroge et je me réserve une part de bénéfices, du droit que me confèrent toutes les analogies avec la législation des droits d'auteur, des marques de fabrique, des brevets ; et surtout du droit indiscutable qu'a tout *donateur* de garder la part qu'il lui plaît du bien dont il fait entre-vifs donation. Car je ne suis pas celui qui demande ; je suis celui qui donne : je donne ce que la Banque de France et nulle banque au monde n'a encore donné ; je donne d'abord les dix à douze milliards de bénéfices qui sont, selon l'antithèse fameuse de Bastiat, « ce que l'on voit » ; mais je donne bien plus encore : je donne une somme bien plus grande de bénéfices qu'on verra et qui sont encore « ce qu'on ne voit pas ». Mais la main qui donne retient son dû, sa propriété, son lot, et tout ce qu'elle donne est encore un pur bénéfice à recevoir comme « cheval donné dont on ne regarde pas l'âge ».

Voilà pourquoi je me suis permis à l'égard de la Banque de France quelques personnalités du genre de l'argument *ad hominem*, non pour porter atteinte à son dû, à ses intérêts, à son bien, mais pour établir les miens, et pour avoir le droit de dire :

Le Change de France c'est un peu moi.

On trouvera peut-être que je parle trop de ce Moi, et que je ne couvre pas assez mon intérêt particulier du voile de l'intérêt public. Je le répète, ceci n'est point un livre, mais une lettre d'affaires. On ne scinde pas l'aveu d'un accusé ; encore moins doit-on scinder la personne et l'œuvre d'un « traitant », qui ne peut détacher non plus lui-même sa personnalité de son affaire, de son marché, de son contrat bilatéral. Quant à l'intérêt public, je crois lui faire une assez belle part de lion, à laquelle ni cet intérêt public, ni personne pour lui n'avait songé, pour qu'il daigne à son tour songer à moi et trouver bon que j'y songe.

En finissant cette première moitié de mes **Explications**, je répéterai ce que j'ai déjà dit dans le corps de ma *Proposition* :

Cette opération, en quarante ans, ferait gagner :

10 milliards à l'État ;
1 milliard à la Banque de France ;

11 MILLIARDS.

Pour arriver à cet immense résultat je ne demande à l'État et à la Banque de France aucun fonds, aucun capital pour moi. Ne recevant rien, je leur apporte au contraire un grand bénéfice certain, bénéfice nouveau trouvé par moi, sur lequel j'exige tout naturellement ma part, car il est de toute justice que celui qui donne ce qu'il trouve, ou ce qu'il possède, se réserve au moins quelque chose pour lui.

Si l'État et la Banque de France sont disposés à accepter, ou à écouter même, mes propositions, je suis tout prêt, dès aujourd'hui, à leur répondre et à appuyer mes affirmations, comme je l'ai toujours offert, de toutes les garanties qui seront jugées nécessaires.

EUGÈNE THÉRYC,

Ancien Agent de Change, à Marseille,

36, rue Notre-Dame-des-Victoires.

Paris, le 14 décembre 1874.

Nota. — Je crois convenable de scinder ces **Explications** et d'en renvoyer la suite prochaine à un n° **2 bis d'Explications,** afin de ne pas abuser de l'attention du lecteur et de la porter d'abord sur le caractère particulier du Change de France dont je viens de donner une idée. Je la compléterai dans le n° **2 bis des Explications**, qui contiendra en même temps les éclaircissements relatifs à la **Conversion** et à l'**Amortissement** de quinze milliards.

IMPRIMERIE CENTRALE DES CHEMINS DE FER. — A. CHAIX ET Cie, RUE BERGÈRE, 20, PARIS. — 14360-4.

www.ingramcontent.com/pod-product-compliance
Ingram Content Group UK Ltd.
Pitfield, Milton Keynes, MK11 3LW, UK
UKHW020525230726
13925UKWH00005B/2235

9 782014 040135